Die verzweifelte Suche nach

GLÜCK

Ulla Bühne

1. Auflage 2017

© 2017 by CLV
Christliche Literatur-Verbreitung
Ravensberger Bleiche 6 · 33649 Bielefeld
Internet: www.clv.de

Satz und Umschlaggestaltung: Anne Caspari, Marienheide
Druck und Bindung: BasseDruck GmbH, Hagen

Artikel-Nr. 256365
ISBN 978-3-86699-365-5

Inhalt

Es ist sechs Minuten nach eins mitten in der Nacht – der 4. Februar 2010. Aus dem Fenster eines Hauses im nordrhein-westfälischen Greven dringt noch Licht. Der 18-jährige Thorsten S. sitzt vor seinem Computer und tippt Folgendes ein: »Ich sehne mich schon seit Ewigkeiten nach Liebe, aber nein, ich finde nicht einmal kurze Beziehungen. Das liegt aber vielleicht auch einfach daran, dass ich potthässlich bin, man muss mich einfach hassen – aber niemand hasst mich so sehr wie ich mich selbst!«

Fünf Stunden später, um sieben Minuten nach sechs, tippt Thorsten seinen letzten Satz in den Computer: »Ich habe es gerade noch geschafft, dies hier zu schreiben, und merke schon die starke Wirkung und schlafe schon fast ein. Das waren jetzt knapp 100 Tabletten: Diazepam, Palladon, Paraxetin und Doxepin. Adieu, beschissene Welt, man sieht sich im nächsten Leben.«

Dann drückt er auf den »Senden«-Befehl …

Als gegen 8:30 Uhr jemand die Nachricht im Internet entdeckt, beginnt ein verzweifelter Wettlauf gegen die Zeit. Nach vielen Hindernissen wird endlich seine Adresse ermittelt. Doch als Polizei und Rettungskräfte schließlich die Tür zu seiner Wohnung aufgebrochen haben, ist es bereits zu spät! Thorsten S. ist tot. Gestorben an einem hochgiftigen Tabletten-Cocktail …

Ein junger Mann mit einem verzweifelten Hunger nach Liebe, nach Geborgenheit, nach Zuwendung – aber anscheinend war niemand da, der sie ihm gab …

Jean Stevens ist 91 Jahre alt und lebt allein in einem baufälligen Haus an einer einsamen Landstraße. Um dem quälenden Gefühl der Einsamkeit zu entkommen, lässt sie den einbalsamierten Leichnam ihres Mannes und ihrer Zwillingsschwester einfach wieder ausgraben und bewahrt sie bei sich zu Hause auf – den ihres Mannes mehr als zehn Jahre lang! 60 Jahre war sie mit ihm verheiratet gewesen …

Jean Stevens will nicht alleine sein – deshalb lebt sie über Jahre hinweg mit zwei Toten in ihrem Haus. Dem Richter sagt sie später, nachdem die Sache publik und aktenkundig geworden war: »Ich konnte ihn sehen, ihn anschauen, ihn berühren …«

Jean Stevens, diese 91 Jahre alte Frau, befürchtet, dass nach dem großen »Finale« das große »Nichts« kommt. Doch dann steht sie nachts auf, schaut aus dem Fenster und sieht die Sterne am Himmel. Und dann denkt sie: »Es muss jemanden geben, der das alles erschaffen hat. Das entsteht nicht einfach so!«

Und so ist sie mit sich im Zwiespalt über Gott und über ein Leben danach …

»Ich fühle, dass sie die Richtige ist!«, beteuerte Lothar Matthäus kurz nach seiner Trauung mit Ehefrau Nummer drei – die ein Jahr jünger ist als seine älteste Tochter …

Und seine »Neue«, Liliana, bekräftigte: »Ich bin überzeugt, dass unsere Liebe ewig hält!« Doch nach nur zwei Jahren war auch diese Ehe zu Ende! Es gab einige Versöhnungsversuche – aber dann konnte man in der Zeitung lesen:

»Lothar Matthäus, Ex-Fußballer und Rekord-Nationalspieler, bastelt weiter eifrig an seinem persönlichen Frauenteam. Nach Silvia, Lolita, Marijana und Liliana bekennt sich der Fußballtrainer zu seiner neuen Liebe Ariadne. ›Wir haben gemerkt, dass wir uns gegenseitig guttun‹, sagte

Matthäus der Illustrierten ›Bunte‹. Zu diesem Zeitpunkt kannte er Ariadne seit drei Monaten …« Doch auch diese Beziehung ist gescheitert, und mittlerweile hat Lothar Matthäus vier Ehen und etliche Beziehungen hinter sich.

Große Träume, große Gefühle, große Erwartungen – und große, bittere Enttäuschungen …

Manchmal treibt diese Suche nach Glück, Liebe und Geborgenheit seltsame Blüten: Verzweifelte Landwirte werden bereit, die Hilfe des quotenhungrigen Fernsehens in Anspruch zu nehmen, um die große Liebe zu finden.

Doch was die Kandidaten von »Bauer sucht Frau« letzten Endes motiviert, ist die gleiche Sehnsucht, die auch uns alle antreibt: die tiefe Sehnsucht, diese scheinbar unstillbare Sehnsucht nach bedingungsloser, ja, nach unsterblicher Liebe, nach Geborgenheit, nach Angenommensein, nach Glück. Nach jemandem, der mit meinen Schwächen, Macken und Unvoll-

»Weil Gott weiß, was morgen ist, brauchen wir heute keine Angst zu haben.«
Heinrich Giesen

kommenheiten umgehen kann, nach Treue, die für immer hält.

Wir suchen jemanden, der uns glücklich macht – als Heilmittel gegen unsere Einsamkeit! Mit dem man offen und ehrlich reden kann – und der das Loch in unseren Herzen füllt. Jemanden, der unser »bester Freund« wird und unsere Träume teilt. Einen »Kumpel«, einen Weggefährten, einen, der die Lasten mit uns trägt – und der uns tröstet, wenn die Seele schmerzt …

Bittere Enttäuschungen …

Aber dann kommen die bitteren Enttäuschungen – die Geschichte der Menschheit und auch die heutige Welt sind voll davon und wahrscheinlich könnte jeder von uns die eigenen, bitteren Erfahrungen davon erzählen. Ein Meer von Frustrationen und verlorenen Hoffnungen. Kaum ein Tag, an dem nicht wieder irgendein »Traumpaar« sich trennt, eine Beziehung zerbricht.

Liliana war überzeugt, dass die Liebe zwischen ihr und Lothar Matthäus ewig halten würde. Mittlerweile musste sie Platz machen für Ehefrau Nr. 5

und einige Beziehungen! Dabei sind die Statistiken so eindeutig: Die Chancen, dass eine nächste Beziehung hält, sind jeweils um 50 % geringer …

Und diese Sehnsucht nach Liebe und Glück betrifft ja nicht nur Frauen!

Eine bekannte Autorin schreibt dazu:

»In den Geschichten der Männer taucht dagegen immer wieder die Ruhelosigkeit, das Experimentieren, Erobern auf, selbst wenn innen ein Hunger herrscht, den Robert Service einmal so beschrieb:

›Ein Hunger – nicht der im Magen, den man mit Bohnen und Speck befriedigen kann – sondern der Hunger eines einsamen Mannes, der Heimat sucht. Die Sehnsucht nach Wärme und einem Feuer im Kamin, weit weg von allen Sorgen; vier Wände und ein Dach über dem Kopf … und eine Frau, die ihn liebt!«« (Elisabeth Elliot, *Eine harte Liebe*, Bielefeld 2010, S. 26).

Die Sehnsuchts-Landschaft

»Heimat‹, ein Begriff, der nach dem Zweiten Weltkrieg lange in der rechtskonservativen Ecke schlummerte, ist wieder salonfähig geworden!«, war vor einiger Zeit in einem Artikel unserer Zeitung zu lesen. »In einer globalisierten Welt, in der sich alles immer schneller dreht, wächst die Sehnsucht nach Beständigem.« »›Heimat‹ hat im Deutschen einen besonderen Klang. Wie ›Weihnachten‹ oder ›Mutter‹. ›Heimat‹ ist eine Sehnsuchts-Landschaft der Gefühle«, schreibt dazu der Kulturwissenschaftler Heinz Schilling.

Heimat finden, Geborgenheit erleben, nach Hause kommen …

Vor längerer Zeit las ich in der Zeitung einen Artikel über das Phänomen der Vampir-Begeisterung – ausgelöst durch die Romane der praktizierenden Mormonin Stephenie Meyer. Der Autor des Artikels schrieb unter anderem:

»Die Autorin Meyer hat dem alten Traum einen neuen Anstrich gegeben: Irgendwo gibt es einen Partner, der das exakte Gegenstück zu mir ist – und der mich glücklich machen wird!«

Stimmt das? Wird so der Hunger gestillt? Ist hier das Erfolgsrezept zum Glücklichsein?

»Heirate oder heirate nicht – du wirst beides bereuen«, sagte der große Philosoph Sokrates.

»Die Ehe ist der Versuch, zu zweit mit Problemen fertigzuwerden, die man alleine nie gehabt hätte!«, meinen manche. Und ein anderer weiser Mensch sagte: »Die Ehe ist wie das Essen mit Stäbchen. Es sieht kinderleicht aus – bis man es selber probiert!«

Wenn ich doch ...

Doch wir alle sind anfällig für den großen Betrug, den verheerenden Denkfehler, der schon ganz am Anfang begann. Wir denken: Wenn ich doch ...

- Wenn ich doch in eine andere Familie oder in eine andere Umgebung geboren wäre ...
- Wenn ich bloß einen guten Freund oder den richtigen Mann hätte ...
- Wenn ich doch nur eine bessere Figur besäße ...
- Wenn meine Haare nicht so dünn und strähnig wären ...
- Wenn ich so schön wäre wie ...
- Wenn ich mehr Geld zur Verfügung hätte ...
- Wenn ich andere Begabungen vorweisen könnte ...
- Wenn ich nur gesund wäre ...
- Wenn, wenn, wenn ...
  ... dann wäre ich glücklich!

Die Bibel sagt, dass es am Anfang einmal Vollkommenheit gab – Schönheit, Perfektion, Harmonie: ein Traum-Garten, ein Traum-Mann, eine Traum-Frau, eine traumhafte Beziehung, eine traumhafte Umgebung. Die erste Frau – umgeben von Schönheit und selbst von vollkommener Schönheit. Keine Probleme mit Akne, Falten oder Orangenhaut, keine Probleme mit der Figur, kein Kummer mit zu groß oder zu klein, zu dick oder zu dünn – und dazu ein ebenso vollkommener Mann. Die idealen Umstände, um wunschlos glücklich zu sein. Oder nicht?

Ein Traum zerbricht …

Doch wenig später beginnt das Dilemma und der Traum zerbricht …

Eine Frau, die alles zu haben scheint, was das Herz begehrt, wird dazu verführt, das alles aufs Spiel zu setzen wegen einer verlockenden Frucht! Und der Betrug gelingt, weil Eva dazu gebracht wird, nach dem zu entscheiden, was sie sieht und was ihre Gefühle und ihr Verstand als richtig beurteilen.

In ihrem sehr empfehlenswerten Buch »*Lügen, die wir Frauen glauben*« schreibt Nancy Leigh DeMoss: »Bis heute ist die Schlange im Vermitteln dieser Lügen erfolgreich. Wir haben in fast allen Lebenslagen Denkweisen übernommen, die zwar kulturell anerkannt und politisch korrekt – aber doch grundlegend falsch sind.

»Viele Dinge habe ich in der Hand gehalten und alle verloren. Aber alles, was ich in Gottes Hände gelegt habe, das besitze ich noch immer.«
Martin Luther

Der hohe Wert, den Eva einer anziehenden Optik beimaß, wurde zum anerkannten Maßstab für alle Menschen. Von diesem Augenblick an (!) sahen sie und ihr Mann ihren eigenen Körper mit anderen Augen. Sie wurden befangen und schämten sich wegen ihres Körpers – der doch von einem liebevollen Schöpfer kunstvoll gestaltet worden war …

Die Täuschung, äußere Schönheit sei höher zu bewerten als die Schönheit des Geistes, der Seele und der Lebensführung, führt bei Männern wie bei Frauen zu Scham und Verlegenheit. Sie fühlen sich unvollkommen, beschämt, befangen und hoffnungslos entstellt.

Ironischerweise ist körperliche Schönheit ein Ziel, das sich uns immer wieder entzieht – wir erreichen es nie. Auch die berühmtesten Schönheiten geben zu, dass sie sich selbst nicht als wirklich schön empfinden. Einer der Stars von Hollywood, Meg Ryan, sagt von sich selbst: ›Ich finde, ich sehe ein bisschen merkwürdig aus. Wenn ich mein Aussehen ändern könnte, würde ich mir längere Beine, kleinere Füße und eine kleinere Nase wünschen.‹

Doch was kann es uns schaden, äußere, körperliche Schönheit übermäßig hoch zu bewerten?

Was wir glauben, bestimmt letztlich unsere Lebensweise. Wenn wir etwas glauben, was nicht stimmt, werden wir früher oder später der Lüge entsprechend handeln; dieses Glauben und Handeln führt zur Unfreiheit.

Eine Betroffene bekennt in diesem Zusammenhang: ›Ich war überzeugt, äußere Schönheit – also mein Körper – sei das Einzige an mir, das anderen wichtig sei, besonders Männern. Ich nutzte es absichtlich aus, um die Aufmerksamkeit zu erregen, die ich so bitter nötig hatte. Ich wurde nymphoman.‹

Eine andere Betroffene bekennt: ›Ich habe mein Leben lang geglaubt, mein Wert hinge von meinem Aussehen ab, und natürlich sah ich nie so aus, wie die Gesellschaft es forderte, und hatte darum immer ein schwaches Selbstwertgefühl. Ich bekam Essstörungen, bin esssüchtig und habe Eheprobleme, weil ich mich nicht attraktiv finde und meine, mein Mann würde immer nach anderen Frauen schauen, die ihm gefallen.‹

Vergleiche, Neid, Konkurrenzdenken, sexuelle Süchte, Essstörungen – die Liste von Fehlhaltungen und Verhaltensweisen, die auf einer falschen Einschätzung von Schönheit beruhen, ist lang. Was kann Frauen aus diesen Zwängen befreien? Nur die Wahrheit kann die Lügen entkräften, die wir geglaubt haben.«

Macht Schönheit glücklich?

Wir leben in einer Welt, in der wir seit Jahren – und je länger, je mehr – 24 Stunden am Tag von der Botschaft überschwemmt werden: »Äußere Schönheit zählt – sie macht glücklich.«

Selbst Statistiken scheinen das zu bestätigen. Es ist wissenschaftlich erwiesen:

- Wer gut aussieht, hat es im Beruf leichter.
- Schöne Menschen verdienen mehr. Gutes Aussehen wirkt auf das Gehalt etwa so stark wie eineinhalb Jahre zusätzlicher Berufserfahrung.
- Schöne Kinder werden von den Lehrern bevorzugt behandelt und bewertet. Das setzt sich im Arbeitsleben fort.
- Übergewichtige Frauen verdienen weniger als schlanke.

In Deutschland unterziehen sich pro Jahr mehr als 100.000 Jugendliche unter 20 Jahren einer Schönheitsoperation. Insgesamt gab es 2014 in Deutschland 533.622 Schönheitsoperationen.

»Schön sein, attraktiv sein, wie ein Model oder ein Star glänzen – das steht auf dem modernen Wunschzettel für ein erfülltes Leben an erster Stelle! Gesellschaftlicher Erfolg und die äußere Erscheinung werden in einem engen Zusammenhang gesehen. Schönheit als Erfolgsfaktor wird extrem von den Medien propagiert!«, war im »Portal der Schönheit« (einem Internet-Portal) zu lesen. Darunter befinden sich bezeichnenderweise Werbe-Anzeigen für Schönheitsoperationen.

Studien haben ergeben: Nur 42 % aller Mädchen fühlen sich in ihrem Körper wohl – ein Viertel aller Mädchen fühlt sich zu dick! Eine Studie des Robert-Koch-Instituts mit über 17.000 Teilnehmerinnen zwischen elf und siebzehn Jahren ergab, dass bei fast jedem dritten Mädchen Essstörungen wie Magersucht, Ess-Brech-Sucht oder Fettsucht auftrat.

Schönheit um jeden Preis?

Im Zusammenhang mit der Herstellung von Kosmetikprodukten arbeiten die Kosmetikkonzerne vor allem mit Zellkulturen.

Im April 1980 öffnete man einen Lastwagen an der Grenze zwischen der Schweiz und Frankreich. Was man fand, waren Hunderte von tiefgekühlten, abgetriebenen Babyleichen, die an verschiedene französische Kosmetik-Firmen geliefert werden sollten. Eine der Verkäuferinnen nannte diese Kosmetik »absolut natürlich« und gab auch die Inhaltsstoffe an: fötale Milz, fötale Leber und fötale Thymusdrüse!

Schönheit – um diesen Preis?

Schönheit als Mittel, um liebenswert zu sein, um geliebt zu werden?

Leo A. Nefiodow war Berater des Bundesministeriums für Forschung und Bildung. Auch er hat sich mit der Thematik auseinandergesetzt und kommt zu folgendem Ergebnis:

»Der Schaden, der dadurch entsteht, dass Menschen sich nicht geliebt fühlen, beträgt weltweit viele Milliarden Euro!«

Aber die Wissenschaftler, die sich mit dem Zusammenhang zwischen Schönheit und Glück befassten, konnten noch etwas eindeutig beweisen – und so eine weitverbreitete Lüge entlarven: »Schönheit macht nicht glücklich!«

Das wird auch durch die Erfahrung von Eheberatern bestätigt!

»Die wahren Gründe für die Unzufriedenheit mit dem eigenen Körper lassen sich nicht weg- oder umoperieren. Keine Operation schafft es, Hemmungen und Unzufriedenheit zu beseitigen und Erfolg, Selbstbewusstsein und Glück zu sichern«, sagen die Psychologen.

Doch was macht wirklich glücklich? Ist Glück etwas, das man pachten kann? Auf das man ein Recht hat?

Eine verblüffende Studie

Vor einiger Zeit las ich einen Artikel (»idea«, 24. Juli 2017) mit der Überschrift »Geben ist seliger als Nehmen!«. Und da war zu lesen:

»Eine kanadische Studie belegt den Zusammenhang zwischen Spenden und Glück: ›Geben ist seliger als Nehmen.‹ Dieses Zitat aus der Bibel (Apostelgeschichte 20,35) ist jetzt auch wissenschaftlich untermauert.

Wie das in Washington erschienene Magazin Science berichtete, hat die kanadische Sozialpsychologin Elisabeth Dunn (Vancouver) in mehreren Studien herausgefunden,

»Nicht die Glücklichen sind dankbar. Es sind die Dankbaren, die glücklich sind!«
Ein weiser Mensch

dass ein Zusammenhang zwischen persönlichem Glück und dem Weggeben von Geld besteht. Danach sei die Behauptung, dass Geld glücklich mache, eindeutig widerlegt. Für das persönliche Glücksgefühl sei nicht entscheidend, wie viel Geld man habe, sondern wie man damit umgehe. Diejenigen, die alles für sich behalten, seien unglücklicher als jene, die einen Teil ihres Geldes oder ihrer Zeit oder ihrer Fähigkeiten für andere aufwenden.

Wissenschaftler hätten Schwierigkeiten zu erklären, warum die amerikanische Bevölkerung mit wachsendem Wohlstand nicht auch glücklicher geworden sei …

Die Leiterin der amerikanischen Studie hatte Studenten etwas Geld gegeben und ihnen gesagt, wie sie es ausgeben sollten. Diejenigen, die es für andere ausgaben, fühlten sich danach glücklicher als jene, die es für sich selbst verbrauchten. Ähnlich erging es einer Gruppe von Angestellten, die von ihrer Firma einen unerwarteten Bonus erhielt. Das Glücksgefühl war umso größer, je mehr Geld die Versuchspersonen abgaben. Es hing nicht mit der Höhe ihres Einkommens zusammen. Die Resultate hätten die Untersuchungs-Hypothese stärker bestätigt, als sie sich das hätte träumen lassen, erklärte die Studienleiterin.

Die Wirkungen des Gebens könne man mit denen körperlicher Ertüchtigung vergleichen. Sie hätten kurz- und langfristige Folgen. Wer einmal spende, werde für einen Tag glücklich; wenn es zu einem Lebensstil werde, könne es nachhaltig wirken.«

»Nicht die Glücklichen sind dankbar. Es sind die Dankbaren, die glücklich sind!«, behauptete in diesem Zusammenhang ein weiser Mensch.

Gemietetes Glück?

Aber mittlerweile ist es ja schon längst traurige Realität, dass selbst aus dem ersehnten Glück der Menschen Profit geschlagen wird.

Ich glaubte meinen Augen nicht zu trauen, als ich vor einiger Zeit las, dass man neuerdings selbst Freunde stundenweise »mieten« kann. Freundschaft als Ware! Einer, der es ausprobiert hat, berichtet:

»Ein Freund, ein guter Freund, das ist das Schönste, was es auf der Welt gibt: der beste Buddy eben, den du seit der ersten Klasse kennst. Mit dem du über Bastian Schweinsteigers Karriere-

Ende bei der deutschen National-Mannschaft schwadronierst. Den du morgens um drei aus dem Bett klingelst, wenn du Liebeskummer hast.

Unbezahlbar!

Denkste. Mein neuer bester Freund heißt Cameron, ich kenne ihn erst seit ein paar Minuten – und er ist nicht ganz kostenlos. Nicht das Leben hat ihn an meine Seite gestellt, sondern die Website *Rent-A-Friend* (›Miete einen Freund‹), eine Art Escortservice – stundenweise gegen Bares.«

Die Kosten: zwischen 10 bis 50 Euro die Stunde! Selbst Elternteile und Eltern kann man mittlerweile mieten … Findet man so wirklich das Glück?

Aber kann vielleicht Ruhm glücklich machen? Anerkennung? Ehre?

Der dreifache Oscar-Gewinner Woody Allen wurde anlässlich seines 75. Geburtstages interviewt. Dabei stellte man ihm unter anderem auch folgende Frage: »Sie glauben weder an Gott noch an irgendeinen Sinn im Leben! Was gibt Ihnen Trost?«

Woody Allen antwortete: »Ich bin der pessimistischste Mensch überhaupt! So lebe ich die ganze

Zeit in Angst und Schrecken. Ablenkung ist mein einziger Trost, sonst würde ich die ganze Zeit nur zu Hause sitzen und verzweifelt sein!

Auf uns alle wartet am Ende unseres Lebens ein großes, dunkles Fremdes. Ich denke sehr oft an den Tod. Und dann verdränge ich den Gedanken. Sonst würde ich immer nur herumrennen und schreien: ›Oh mein Gott, ich bin sterblich!‹ Ich bewundere Menschen, die keine Angst vor dem Tod haben.«

Bei einer anderen Gelegenheit klagte er: »Das wahre Bild allen menschlichen Lebens ist ein alles verschlingendes Toilettenrohr … Ich bin sterblich und eines Tages wird alles das Klo runterrauschen: Ich, meine Eltern, meine Wohnung, die Nachbarn – einfach alles!«

Was für deprimierende Zukunftsaussichten für einen Woody Allen, der bei dem Gedanken an den Tod schreit: »Oh mein Gott, ich bin sterblich!«, obwohl er gar nicht glaubt, dass es Gott wirklich gibt! Und schon gar nicht einen, den er »mein Gott« nennen dürfte …

Auch John Lennon gehörte zu denen, die weltweit Berühmtheit erlangten und auf der Welle des

Ruhmes schwammen. Als Teil der *Beatles* war er ganz oben! Aber dann kam die Zeit, wo er bekannte: »Die *Beatles* haben mich fast umgebracht!«

In einem Porträt wurde unter anderem Folgendes über ihn geschrieben: »John Lennon blieb zeitlebens ein ruheloser Sucher. Manchmal wurde er fündig. Dann fuhr er wie erleuchtet darauf ab. Aber die Ernüchterung folgte wie auf ein Besäufnis! Wiederholt liebäugelte er mit linksradikalen Kreisen und kehrte ihnen dann abrupt den Rücken zu. Zum Frieden fand der Friedensstreiter nie …«

Und dann der Superstar der Popszene, Lady Gaga: verrückt, erfolgreich – einsam! Keine Spur von Glücklichsein.

Das kostbarste Gut?

Für viele Menschen stehen Glück und Gesundheit in einem engen Zusammenhang: »Hauptsache gesund!« Wie oft hat man diesen Ausspruch schon vor oder nach der Geburt eines Babys gehört!

Nun sind wir uns sicher darin einig, dass Gesundheit ein sehr, sehr kostbares Gut und gar nicht hoch genug einzuschätzen ist. Aber ist Gesundheit das höchste Gut? Ist Gesundheit wirklich die Hauptsache?

Was ist dann zum Beispiel mit einem sympathischen jungen Mann wie Samuel Koch, der bei einer »Wetten dass …?«-Show schwer gestürzt war und jetzt gelähmt ist? Und der in verzweifelten Momenten seinen Vater fragte: »Was ist, wenn Gott will, dass ich krank bleibe? Was ist, wenn Gott mich nicht heilt?«

Wochen nach dem Unfall klagte Samuels Schwester mit Tränen in den Augen: »Samuels Leben ist kaputt!«

Aber ihr Vater antwortete: »Nein. Die Vorstellung, die wir und er über sein Leben hatten, die ist kaputt!«

»Es ist nicht auszudenken, was Gott aus den Bruchstücken unseres Lebens machen kann, wenn wir sie Ihm ganz überlassen!«
Blaise Pascal

Kann man an einen Rollstuhl gefesselt glücklich sein?

Joni Eareckson kennt die Antwort – sie sitzt seit 50 Jahren im Rollstuhl. Als sie 17 war, wagte sie einen Kopfsprung in einen See – und ist seitdem querschnittsgelähmt! Bei einem Vortrag vor 1600 jungen Leuten sagte sie Folgendes: »Wäre es nicht fantastisch, wenn ich jetzt hier vor euch geheilt würde, aus meinem Rollstuhl aufstehen und mich auf meine Füße stellen könnte? Was wäre das für ein Wunder! Wir wären bestimmt alle begeistert und würden Gott loben. Es wäre ein Wunder vor unseren Augen. Wir würden die Macht und Kraft Gottes buchstäblich mit eigenen Augen sehen. Wäre das nicht toll?

Doch ein noch viel größeres Wunder wäre es, wenn ihr jetzt an eurer Seele geheilt würdet, weil sich die Folgen davon bis in die Ewigkeit auswirken. Würde mein Körper plötzlich und auf wunderbare Weise geheilt, könnte ich vielleicht in den nächsten dreißig oder vierzig Jahren auf meinen Beinen stehen, aber dann würde ich sterben. Die Seele aber lebt ewig. Von der Warte der Ewigkeit aus betrachtet, ist mein Leben wie das kurze Aufflackern einer Flamme, die sofort wieder erlischt.

Gott allein weiß, warum ich gelähmt bin. Er wusste, dass ich letzten Endes glücklicher sein würde, wenn ich ihm diente. Wenn ich meine Beine noch gebrauchen könnte, wüsste niemand, wie mein Leben verlaufen wäre. Ich hätte mich wahrscheinlich so durchs Leben geschlagen – Heirat, vielleicht sogar Scheidung – und wäre unzufrieden und enttäuscht gewesen. Als ich noch auf dem Gymnasium war, war ich voller Selbstsucht und baute mein Leben nicht auf bleibenden Werten auf. Ich lebte einfach in den Tag hinein – manchmal auf Kosten anderer.«

»Und jetzt, sind Sie jetzt glücklich?«, fragte ein Mädchen.

Nach 50 Jahren im Rollstuhl bezeugt Joni: »Das bin ich wirklich. Ich möchte um keinen Preis der Welt ein anderes Leben haben wollen …« Und die sie kennen, können bestätigen, dass es wahr ist.

Liebe, die ewig hält

Aber irgendwie liegt in der ganzen Situation eine entsetzliche Tragik:

Auf der einen Seite sind wir Menschen, die so verzweifelt nach echter, bedingungsloser Liebe suchen, nach stabilen Beziehungen, nach Glück. Wir suchen und suchen – und werden doch enttäuscht! Immer und immer wieder. Denn wir suchen an den falschen Stellen …

Auf der anderen Seite ist da einer, ein Einziger, der Einzige im ganzen Universum, der alles das hat, was wir Menschen so sehr suchen, wonach wir uns so sehr sehnen – und der uns das alles anbietet.

Da ist einer, der das Glück nicht suchen muss, weil er selbst ganz und gar glücklich ist – der aber andere so gerne glücklich machen will.

Da ist jemand, der liebt, der Liebe ist und Liebe von einer überwältigenden Qualität in unbegrenztem Maß anbietet – eine bedingungslose, leidenschaftliche Liebe. Eine Liebe, die ewig hält! Eine Liebe, die immer nur das Beste für den anderen will. Eine Liebe, die auch alle Minderwertigkeitskomplexe »weglieben« kann …

Da ist jemand, der mich trotz all meiner Fehler, Schwächen und Macken will.

Einer, der unendlich reich ist, der alles hat und dem alles gehört – und der so gerne praktiziert, was er auch uns empfiehlt: »Geben ist seliger als Nehmen!«

Einer, der uns so gerne beschenken möchte – mit allem, was uns wirklich glücklich macht …

Da ist einer, der meine Tränen zählt und sie trocknen will – einer, der mich innerlich satt machen und den Durst meiner Seele für immer stillen kann …

Der mich wirklich versteht, bis in die Tiefen meines Seins – in all meiner Kompliziertheit und Widersprüchlichkeit.

Es ist der Eine, der alles hat, was uns fehlt, alles, was wir wirklich brauchen, alles, was uns dauerhaft glücklich macht – und der uns all das geben will, umsonst – einfach, weil er es gut mit uns meint …

Umsonst?

Ja, für uns ist es umsonst: »He, ihr Durstigen alle, kommt zu den Wassern! Und die ihr kein Geld habt, kommt, kauft ein und esst! Ja, kommt, kauft ohne Geld und ohne Kaufpreis Wein und Milch! Warum wägt ihr Geld dar für das, was nicht Brot ist? Und euren Erwerb für das, was nicht satt macht? Hört doch auf mich und esst das Gute und eure Seele labe sich an Wertvollem! Neigt euer Ohr und kommt zu mir; hört, und eure Seele wird leben!« (Jesaja 55,1-3). »Ich will dem Dürstenden aus der Quelle des Wassers des Lebens geben umsonst!« (Offenbarung 21,6). »Und wen da dürstet, der komme, wer da will, nehme das Wasser des Lebens umsonst!« (Offenbarung 22,17).

Das sind erstaunliche Worte, die Gott, der Gott der Bibel, uns da zuruft!

Und erstaunlich sind auch diese: »... der da heilt, die zerbrochenen Herzens sind, und ihre Wunden verbindet« (Psalm 147,3). »Gott lässt Einsame in einem Haus wohnen, führt Gefangene hinaus ins Glück!« (Psalm 68,6). »Er führt sie heraus aus der Finsternis und dem Todesschatten und zerreißt ihre Fesseln« (Psalm 107,14).

»Glückselig (also überfließend vor Glück) ist der, dessen Übertretung vergeben, dessen Sünde zugedeckt ist.«
Die Bibel

Ja, für uns ist das alles umsonst. Aber für Gott war es alles andere als umsonst – er zahlte einen unglaublich hohen – den höchsten – Preis dafür! Und Gott beurteilt die Frage nach unserem Glück aus einer ganz anderen Perspektive. Er sieht tiefer. Er kennt die eigentlichen Ursachen für unser Unglücklich-Sein. Nach Gottes Urteil ist unser größtes Unglück, unser gravierendstes Problem unser Getrenntsein von Ihm: Wir leben gottlos – los von Gott – ohne Ihn!

Wir haben uns von ihm losgesagt, haben uns emanzipiert, wollten ohne ihn leben – wollten autonom sein. Wir haben entschieden, dass wir ihn nicht brauchen! Und so werden wir zu Rebellen! In Gottes Augen ist unser größtes Problem nicht all das, was uns anscheinend zum Glücklichsein fehlt, sondern das Problem der Schuld. Schuld vor Gott und Schuld gegenüber Menschen. Und das ist es, was unserem Glück mehr als alles andere hindernd und zerstörend im Wege steht. Gott definiert Glück nämlich so:

»Glückselig (also überfließend vor Glück) ist der, dessen Übertretung vergeben, dessen Sünde zugedeckt ist. Glückselig der Mensch, dem Gott die Ungerechtigkeit nicht zurechnet« (Psalm 32,1-2).

»Zu dir hin sind wir geschaffen und ruhelos ist unser Herz in uns, bis es Ruhe findet, Gott, in dir!«, bekannte der Kirchenvater Augustinus nach vielen Irrwegen auf der Suche nach Glück und Zufriedenheit.

Und wir, wir wollen die Gaben: Glück, Geld, Gesundheit, Reichtum … Aber wir wollen sie ohne den Geber – und so verlieren wir beides.

Doch Gott in seiner großen Liebe hat sich nicht mit unserem Elend abgefunden – er hat sich einen Weg zum Glück und einen Rettungsplan ausgedacht.

Ich möchte diese erstaunliche Tatsache an einem Ereignis deutlich machen, das uns allen wahrscheinlich noch in Erinnerung ist!

Das Drama in der Atacama-Wüste

Am 5. August 2010 sind die Blicke der Menschen weltweit nach Chile gerichtet: In einer Mine in der Atacama-Wüste ist um 14:05 Uhr ein mehrere Hundert Tonnen schwerer Felsen eingebrochen und 33 Männer sind in 700 m Tiefe eingeschlossen. Sie können sich in einen 40 m² großen Schutzraum flüchten, ohne Gewissheit, ob sie jemals gefunden werden. Einige von ihnen waren schon einmal eingeschlossen und ahnen die Gefahr. Sie versuchen auf alle mögliche Weise Lärm zu machen, um gehört zu werden. Nach 17 Tagen, als schon fast jede Hoffnung auf Rettung geschwunden ist, trifft ein Bohrer den Schutzraum. Aus der Welt des Lichts ein Hoffnungsschimmer in der Dunkelheit – 700 Meter unter der Erde!

Es folgen Tage und Wochen des Hoffens und Bangens. Die da unten sind vollkommen angewiesen auf Hilfe von oben. Sie selbst können zu ihrer Rettung absolut gar nichts beitragen. Nach 52 endlosen Tagen haben schwere Maschinen einer Rettungskapsel den Weg gebahnt – gebrochen durch hartes Gestein.

Der Retter kommt zu den Verlorengeglaubten, und dann nimmt er sie, einen nach dem anderen – aber jeden einzeln – mit sich hinauf in das Licht – in das Leben …

Was konnten, was mussten diese Männer tun, um gerettet zu werden?

Sie mussten einem anderen, einem Fremden vertrauen – einem, den sie noch nie gesehen hatten. Einem, der Ahnung hatte, einem, der sich mit der Materie auskannte! Einem, der »von oben« kam. Und sie mussten sich der Rettungskapsel anvertrauen, sie mussten einsteigen – das heißt, sie mussten ein echtes Wagnis eingehen.

Keiner von ihnen ist jemals in einer solch bedrohlich engen Kapsel 700 Meter durch ein Bohrloch aus der Tiefe gezogen worden. Werden die Seile halten? Wird der Sauerstoff reichen? Werden

Elektrik und Elektronik funktionieren? Wird der Berg ruhig bleiben? Doch wenn sie gerettet werden wollen, gibt es nur diesen einen, einzigen Weg!

Und genau das ist auch unsere Situation: Die Männer dort unten in der Tiefe waren nicht schuld daran, dass der Felsen einstürzte. Schuld waren wohl die für Sicherheit zuständigen Verantwortlichen der Mine. Aber die Eingeschlossenen trugen die Konsequenzen. Und es gab keine Rettung, als nur von oben!

Der Einsatz an Zeit, Geld, Energie, Arbeitskräften und Know-how war extrem. Riesige, teure Spezialmaschinen mussten teilweise unter großen Herausforderungen herangeschafft werden. Die Rettung der 33 Eingeschlossenen bedeutete enormen Einsatz und immense Kosten.

Der höchste Preis ...

Doch das alles ist nichts im Vergleich zu dem, was es Gott kostete, uns zu retten. Er hat den höchsten Preis bezahlt, der jemals in diesem Universum bezahlt wurde: Er sandte seinen eigenen, einzigen, geliebten Sohn!

Ich denke, all jene Menschen, die bei der Rettungsaktion in Chile mithalfen, waren irgendwie in einer »Bringschuld«, in einer Verpflichtung: ihrer Verantwortung zu entsprechen, begangene Versäumnisse auszugleichen, die Kumpel nicht im Stich zu lassen, ihren Arbeitsplatz nicht zu verlieren, den Erwartungen ihrer Chefs zu entsprechen, den Lohn wert zu sein usw. Für alle galt das Wissen:

»Wer Gott und alles hat, hat auch nicht mehr als einer, der nur Gott hat.«
C. S. Lewis

Ich könnte irgendwann in eine ähnliche Situation kommen – und dann würde auch ich dringend die Hilfe der anderen brauchen!

Der Spezialist, der schließlich die unmittelbare Rettungsaktion durchführte, musste schon echte Risiken auf sich nehmen, Gefahren eingehen – es kostete ihn einiges, die Verschütteten herauszuholen. Schlimmstenfalls hätte es auch ihn das Leben gekostet.

Doch als Gottes »Rettungsplan« zum Einsatz kam und er seinen eigenen, einzigen, geliebten Sohn als Retter sandte, musste Jesus Christus nicht nur einige Risiken eingehen. Von Anfang an war klar, dass er unsere Rettung mit seinem eigenen, qualvollen Tod am Kreuz bezahlen würde.

Er braucht uns nicht – aber wir brauchen ihn! Er hat keine einzige Verpflichtung uns gegenüber – aber wir haben alle Verpflichtungen ihm gegenüber gebrochen und versäumt. Er war dort, wo vollkommenes Glück, grenzenlose Liebe und göttliche Harmonie ist, und verließ freiwillig diesen unbeschreiblichen Ort, um in unsere Dunkelheit, unsere Begrenztheit, unsere Hoffnungslosigkeit einzutauchen. Er wurde unser Stellvertreter, bezahlte unsere Schuld – damit wir frei ausgehen und glücklich werden könnten! Er starb, damit wir leben können.

Was würde der für die Rettungskapsel Zuständige und all die anderen an der Rettung Beteiligten gedacht und empfunden haben, wenn einer oder mehrere der Eingeschlossenen sich geweigert hätten, in die Rettungskapsel einzusteigen? Wenn sie ihm nicht vertraut hätten? Wenn sie das Rettungsangebot nicht angenommen hätten? Welche Rettungsmöglichkeit hätte es dann noch für sie gegeben? Sie wären für immer verloren geblieben.

Und der ganze wahnsinnige Einsatz an Geld, Zeit, Kraft, Kreativität und Know-how wäre – was sie betrifft – für immer umsonst gewesen …

Darin liegt auch unsere eigentliche, große Schuld: Gott hat alles getan, was ein allmächtiger, ewiger, liebender Gott tun kann, um uns zu retten!

Aber Gottes große und unverdiente Liebe zu verachten, sein unglaubliches Angebot abzulehnen, die Rettung nicht in Anspruch zu nehmen – nicht in seine »Rettungskapsel« einzusteigen – das ist die eine große Sünde, die niemals vergeben werden wird und die alle anderen Sünden unvergeben lässt!

Das ist in der Tat Majestätsbeleidigung kosmischen Ausmaßes!

Die Vertrauensfrage

Auch in Deutschland gab es schon dramatische Gruben-Unglücke.

So auch am 1. 6. 1988 in der Grube Stolzenbach in Hessen: Durch eine Kohlenstaub-Explosion breiteten sich Feuer und giftige Gase im ganzen

Stollen aus. Die Explosion war so heftig, dass man nicht mit Überlebenden rechnete.

Doch sechs Leute konnten sich in einen entlegenen Stollen retten und zwei Tage später wurden ihre Klopfzeichen bemerkt.

Einem einzigen Mann ist die Rettung der Verschütteten zu verdanken: Thomas Geppert. Er forderte die Kumpel eindringlich auf – gegen alle Logik und gegen alle Erfahrung –, tiefer in den Stollen hinein zu rennen, anstatt zum Ausgang.

Einer der Eingeschlossenen hielt Thomas Geppert für übergeschnappt, ließ sich dann aber doch überzeugen, zurück in den Stollen zu rennen, weil Geppert es so lautstark befohlen hatte – und das war seine Rettung! Von den 57 Bergleuten konnten auf diese Weise sechs Mann gerettet werden und überlebten.

Manchmal hängt das Leben – ja, das Überleben – davon ab, wem man vertraut!!!

Manchmal muss man die Führung einem Kompetenteren überlassen. Manchmal muss man die eigene Begrenztheit akzeptieren!

Manchmal muss einer »von oben« kommen …

Und zu unserem großen Glück ist einer »von oben« gekommen!

Als diese Bergleute eingeschlossen waren, dachten sie: Aus der Tiefe gerettet zu werden, ihre Familien und die Sonne wiederzusehen, das Leben neu geschenkt zu bekommen, würde sie für immer glücklich machen.

Doch die Realität sah anders aus, wie folgender Bericht über die Bergleute in Chile zeigt:

»Vier Monate nach der Rettung leiden viele von ihnen noch immer unter den Folgen der angsterfüllten Zeit des Wartens. Zamora selbst und auch andere würden von Albträumen geplagt, das Verhältnis zu seiner Familie habe Schaden genommen:

›Ich schaffe es einfach nicht, eine normale Beziehung zu meiner Familie aufzubauen, ich bin nicht mehr so zärtlich zu meinem Kind. Bevor ich am 5. August in die Mine einfuhr, war ich ein fröhlicher Mensch. Aber mein anderes Ich ist immer noch eingeschlossen‹, klagt Zamora.

Seit der Rettung am 13. Oktober wurden die Kumpel zu Reisen und öffentlichen Veranstaltungen eingeladen. Sie führen ein Leben auf der Achterbahn der Berühmtheit. Fernsehshows und Alkoholexzesse, Rückzug und Weltreisen – so verbringen viele der Kumpel jetzt ihre Zeit.« (dpa)

Das klingt nicht so, als wären sie glücklich …

Das Geheimnis des Glücks

Unter der Überschrift »Das Geheimnis des Glücks« schreibt der Württemberger Pfarrer Steffen Kern:

»Große Ziele wollen wir erreichen: ein eigenes Auto, ein hohes Alter, einen tollen Job usw. Weil wir so viel erreichen wollen, arbeiten wir viel: Wir knechten für die Karre. Wir schuften für den Schuppen. Wir rackern für die Rente. Was für eine Hetze! Wir jagen Zielen hinterher, die wir uns selbst gesteckt haben, und hecheln durch unser Leben. Doch das, worauf es wirklich ankommt, können wir nicht erarbeiten. Das wirklich Wichtige können wir uns nicht verdienen.

Das Entscheidende im Leben wird uns geschenkt: unsere Gesundheit, unser Glück, unser Leben! Von wem? Vom Geber aller guten Gaben!

Von dem, durch den alles begann … Wer auf den zulebt, der alles hat und alles gibt, der lebt gesegnet. Darin liegt das Geheimnis des Glückes!«

Meine persönliche Reise mit Gott begann vor 58 Jahren. Es waren spannende Jahre, intensive Jahre – voller Höhen und Tiefen! Jahre mit vielen Fragen und manchen, manchmal überraschenden Antworten.

- Unser zweites Kind wurde im siebten Monat der Schwangerschaft geboren – es hatte einen offenen Rücken – und es war tot.
- Einer unserer Söhne hatte einen schweren Unfall und am Anfang war nicht sicher, ob er den verletzten Fuß behalten und jemals wieder gehen oder Sport treiben könnte.
- Ein anderer Sohn bekam nach einem Sturz plötzlich epileptische Anfälle.
- Einer unserer Pflegesöhne beging einen Selbstmordversuch, nachdem er von seiner Auserwählten einen »Korb« bekommen hatte.
- Zwei andere Pflegesöhne, denen wir ein Zuhause bieten wollten, raubten uns aus und wurden kriminell.

- Anfang des Jahres 2010 wurde bei einer Tochter MS (Multiple Sklerose) diagnostiziert.
- Einer unserer Enkelsöhne wollte seiner Mama in der Küche helfen und ein Kartoffelnetz aufschneiden. Dabei rutschte ihm das Messer aus und er stach sich mitten ins Auge – ein strahlend blaues Auge …
- Es gab genug Angriffe von »Feinden« und bittere Enttäuschungen von Freunden – und jede Menge Herausforderungen: existenzielle, große, »mittelgroße«, kleinere – und dazu kam Tag für Tag der »ganz normale Wahnsinn«.

Doch in all diesen Höhen und Tiefen verstärkte sich in mir der Wunsch: »Ich möchte diesen Gott, dem ich trotz allem vertrauen soll, besser kennenlernen. Ich möchte lernen, in Gott allein glücklich zu sein – unabhängig von allen äußeren Umständen.«

Ich weiß nicht, ob es anderen auch so geht. Aber meine Erfahrungen mit Menschen waren ausnahmslos so: Manchmal lernt man jemanden kennen – und ist tief beeindruckt und fasziniert. Dann lernt man diese Person besser kennen und der Lack bekommt Risse, das Podest bröckelt. Am

Ende merkt man, dass es auch nur ein Mensch ist, mit einigen Stärken und vielen Schwächen, wie wir alle auch.

Bei Gott ist das anders – und er ist der Einzige, bei dem es anders ist. Ihn besser kennenzulernen, heißt, immer mehr beeindruckt zu sein. Ihm leichter vertrauen zu können. Ihn einfach mehr lieben zu müssen. Immer neue Vorzüge zu entdecken. Gott zu finden, heißt, wirklich Geborgenheit zu finden – ein Zuhause, eine Heimat, Sicherheit, trotz aller Stürme! Bei Gott das Glück zu suchen, heißt, es wirklich zu finden.

Thorsten S. suchte jemanden, der ihn »trotz allem« liebt.

Jean Stevens wollte nicht alleine sein, sie wollte einen geliebten Menschen sehen und »ihn berühren«.

Liliana wollte eine Beziehung und »eine Liebe, die ewig hält«.

»Das Entscheidende im Leben wird uns geschenkt: unsere Gesundheit, unser Glück, unser Leben! Von wem? Von dem, durch den alles begann ... Wer auf den zulebt, der alles hat und alles gibt, der lebt gesegnet. Darin liegt das Geheimnis des Glücks!«

Und wir?

Wo suchen wir?
Was suchen wir?
Wen suchen wir?

Geben wir uns mit billigem Ersatz zufrieden? Mit der Attrappe statt mit dem Echten? Lassen wir uns täuschen von den Glitzerwelten, obwohl hinter den Vorhängen die Schatten wohnen? Schöpfen wir »aus Zisternen mit fauligem Wasser« – wo doch gar nicht weit entfernt »der Brunnen mit lebendigem Wasser« ist?

Bauen wir auf unsere eigenen Erfahrungen und Gefühle, hören wir auf den, der Meister im Lügen ist – oder steigen wir in Gottes »Rettungskapsel« ein und vertrauen dem, der uns so sehr liebt und alles für unsere Rettung getan und auch bezahlt hat?

Gibt es ein »Erfolgs«-Rezept, eine Garantie zum Glücklichsein? Gibt es ewige Liebe? Gibt es Geborgenheit der Seele – unabhängig von äußeren Umständen?

»Wer Gott und alles hat, hat auch nicht mehr, als einer, der nur Gott hat!«, behauptete der bekannte Philosoph und Schriftsteller C. S. Lewis.

»Viele Dinge habe ich in der Hand gehalten und alle verloren … Aber alles, was ich in Gottes Hände gelegt habe, das besitze ich noch immer!«, bekannte der große Reformator Martin Luther.

»Wer auf Gott vertraut, der ist im tiefsten Sinn glücklich!«, bezeugte C. H. Spurgeon, der Fürst unter den Predigern.

Und diese Behauptungen finden eine mehr als 60-fache Bestätigung in Gottes erstaunlichem Buch – in seinem »Bestseller«!

»Zu dir hin sind wir geschaffen und ruhelos ist unser Herz in uns, bis es Ruhe findet, Gott, in dir!«
Augustinus

Gott bietet tatsächlich ein 60-faches Erfolgsrezept zum Glücklichsein an – schauen Sie nach!

»Gott zu finden, heißt,
wirklich Geborgenheit
zu finden – ein Zuhause,
eine Heimat, Sicherheit,
trotz aller Stürme!
Bei Gott das Glück
zu suchen, heißt,
es wirklich zu finden.«

Ulla Bühne

Leid, Krankheit, Tod – und ein liebender Gott?

CLV · Artikel-Nr. 256343
gebunden, 64 Seiten

CLV · Artikel-Nr. 256943
Digipack, 1 Audio-CD
Laufzeit: 54 Minuten

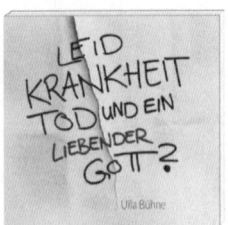

Wir leben in einer Welt voller Leid, Elend, Krankheit und Tod – umgeben von quälenden Fragen: Gibt es überhaupt einen Gott? Und wenn ja, kann er ein Gott der Liebe sein? Warum lässt er so viel Leid zu? Warum greift er nicht ein? Kann er nicht – oder will er nicht? Gibt es einen Sinn in dem allen?

Mit diesen Herausforderungen setzt sich dieses Buch auseinander und versucht einige hilfreiche Antworten aus einer Perspektive außerhalb dieser Welt zu geben.